BEI GRIN MACHT SICH IHR WISSEN BEZAHLT

AF139963

- Wir veröffentlichen Ihre Hausarbeit, Bachelor- und Masterarbeit

- Ihr eigenes eBook und Buch - weltweit in allen wichtigen Shops

- Verdienen Sie an jedem Verkauf

Jetzt bei www.GRIN.com hochladen und kostenlos publizieren

Bibliografische Information der Deutschen Nationalbibliothek:

Die Deutsche Bibliothek verzeichnet diese Publikation in der Deutschen National-
bibliografie; detaillierte bibliografische Daten sind im Internet über http://dnb.d-
nb.de/ abrufbar.

Impressum:

Copyright © 2007 GRIN Verlag, Open Publishing GmbH
Druck und Bindung: Books on Demand GmbH, Norderstedt Germany
ISBN: 978-3-668-16752-0

Dieses Buch bei GRIN:

http://www.grin.com/de/e-book/317576/die-epoche-des-naturalismus-gerhart-
hauptmanns-die-weber

Rebecca Weber

Die Epoche des Naturalismus. Gerhart Hauptmanns "Die Weber"

GRIN Verlag

GRIN - Your knowledge has value

Der GRIN Verlag publiziert seit 1998 wissenschaftliche Arbeiten von Studenten, Hochschullehrern und anderen Akademikern als eBook und gedrucktes Buch. Die Verlagswebsite www.grin.com ist die ideale Plattform zur Veröffentlichung von Hausarbeiten, Abschlussarbeiten, wissenschaftlichen Aufsätzen, Dissertationen und Fachbüchern.

Besuchen Sie uns im Internet:

http://www.grin.com/

http://www.facebook.com/grincom

http://www.twitter.com/grin_com

Thema: Gerhart Hauptmann: Die Weber

- Stoffgeschichte/ Historische Hintergründe
- Form des Dramas, Handlungsaufbau: traditionell geschlossen vs. offen
- Techniken der Episierung (Text von Peter Szondi)
- Zur Deutung des (problematischen?) Schlusses

Inhalt

Zur Entstehung des Stücks „Die Weber"

„In und um Zürich blühte damals noch, und zwar seit dreihundert Jahren, die Seidenweberei. An den Stühlen saßen Handweber. An dem Hüttchen eines von ihnen ging ich mehrmals die Woche vorbei, wenn ich die Psychiatrische Klinik in der Irrenanstalt Burghölzli besuchte. Das Wuchten des Webstuhls hörte man durch die Wand dringen. Und eines sonnigen Morgens, erinnere ich mich, überfiel mich bei diesem Geräusch der Gedanke: du bist berufen, „Die Weber" zu schreiben (…)."[1]

- Hauptmann fasst den Plan zur Abfassung der „Weber" im Jahr 1888
- im Frühjahr 1890 begann er mit den Vorarbeiten zu den Webern, die Dialektfassung „De Waber" wurde Ende 1891 abgeschlossen und am 20.2.1892 dem Berliner Polizeipräsidenten zur Aufführungsgenehmigung vorgelegt
- am 3. März wurde dann die öffentliche Aufführung verboten; auch ein weiterer Versuch, die „Weber" genehmigen zu lassen, scheiterte
- Begründung: Das Stück würde zu Klassenhass aufreizen (unter anderem durch die Deklamation des Weberliedes und die Schilderung des Aufstandes); Propaganda für sozialdemokratische Lehren über die Ausbeutung des Arbeiters
- erst am 26.2.1893 wurde das Stück durch den Verein „Freie Bühne" im Neuen Theater in Berlin uraufgeführt

Hauptmann lehnt sein Drama an historische Vorfälle an, die sich etwa 50 Jahre vor Entstehung des Stücks ereignet hatten

---

[1] Hauptmann, Gerhart: Sämtliche Werke. Centenar-Ausgabe zum hundersten Geburtstag des Dichters. Hg. von Hans-Egon Hass. Fortgeführt von Martin Machatzke. Berlin; Frankfurt am Main; Wien 1962. Bd. 7. S.1078.

Historische Hintergründe

- Um die zeitgeschichtlichen Bedingungen des Stücks zu verstehen, muss die wirtschaftliche und politische Situation im Vormärz berücksichtigt werden
- Der Weber-Aufstand, der seinem Drama als Gegenstand dient, begann am 4. Juni 1844 am Fuße des schlesischen Eulengebirges, in den Orten Kaschbach, Langenbielau und Peterswaldau
- Die von ihren Arbeitgebern ausgebeuteten Weber bäumten sich gegen die ansässigen Fabrikbesitzer auf, der Aufstand wurde mit massiver militärischer Gewalt niedergeschlagen (dazu gleich mehr!)

Die Not der Weber in Schlesien

- Blütezeit der Weberei war gegen Ende der Regierungszeit Friedrichs des Großen (Export schlesischer Leinenwaren nach Übersee und Europa)
- Doch davon profitierten die Weber recht selten, 1793 kam es zu einem ersten Aufstand der Weber in Liebau, Landshut und anderen Orten; ideologisch-revolutionärer Charakter dieses Aufstands (Vorbild Französische Revolution), ganz im Gegensatz zu dem Aufstand von 1844
- Dieser frühe Aufstand wurde interessanterweise nicht in der Literatur verarbeitet
- 41 Jahre lang blieb es ruhig im Webergebiet, obwohl die soziale Not immer größer wurde
- Gründe hierfür waren:

  ➤ Kontinentalsperre (1806); Napoleon boykottiert den Handel mit England; Verringerung der Absatzmöglichkeiten

  ➤ Emanzipation der spanischen Kolonien in Südamerika (1810-1826), Verringerung der Marktmöglichkeiten durch Beschränkung der Außenmärkte

  ➤ Grenzsperre Russlands gegen Preußen

  ➤ Auswirkungen der Gewerbefreiheit, die 1810 eingeführt wurde: man konnte sich als Leinwandkaufmann oder Bleicher niederlassen, ohne aus diesem Stand zu stammen

- Man versuchte, die schlesische Leinweberei den neuen Verhältnissen anzupassen

- Spinnereischulen wurden gegründet, erste Spinnmaschinen wurden angeschafft, aber von den Weber nicht angenommen (auch im Drama kommt dies zum Ausdruck, wenn die Weber die mechanischen Webstühle aus der Welt schaffen wollen); sie blieben immer weiter hinter der Konkurrenz durch die expandierende ausländische Leinen-Industrie zurück (vor allem die industriell gut ausgerüstete englische Weberei und Spinnerei)

⇨ die herrschenden Wirtschaftstheorien erlaubten keine schutzzöllnerischen Maßnahmen, besonders das wirtschaftsstarke Preußen widersetzte sich dem Einführen von Schutzzöllen, die die süddeutschen Länder zugunsten der Leinenweberei vorschlugen

⇨ die Krise spitzte sich zu, es kam zu dem Aufstand, über dem am 4. Juni 1844 in der „Allgemeinen Zeitung" (von Augsburg) zu lesen war:

„Aus Schlesien, 4.Jun. So eben hat ein Haufen Weber aus Peterswaldau (…) die Gebäude und Vorräthe des Fabricanten Zwanziger niedergerissen und zerstört. Die Familie des Zwanziger ist auf das Schloss des Grafen Stolberg geflüchtet. Das angemessene Einschreiten der Prediger Schneider und Knüttel hat vorläufig weiteren Unfug gehemmt, wozu Geldaustheilung des Fabricanten Wagenknecht, der sein Haus nur durch diese bewahrt hat, beigetragen haben mögen. Es ist Militär aus Schweidnitz verlangt, das jeden Augenblick erwartet wird."[2]

⇨ Auslöser dieses Angriffs auf den Fabrikanten Zwanziger war die Tatsache, dass dieser am Vortag einen der Sänger des Liedes „Das Blutgericht" der Ortspolizei übergeben hatte

⇨ Am nächsten Tag weitete sich der Aufstand aus, überall wurde zerstört und geplündert, die Obrigkeit reagierte darauf mit massiver Gewalt; der Aufstand wurde blutig beendet

Stoffgeschichte

- die Situation der Weber in der Zeit des Vormärz ist vielfach publizistisch und literarisch verarbeitet worden
- öffentliche Debatte über die Pflicht des Schriftstellers, gegen die restaurativen Maßnahmen Partei zu ergreifen und in seinen Werken eine fortschrittliche Tendenz zu vertreten; besonders intensiv schlägt sich dieses Engagement in der Behandlung der

---

[2] Schwab-Felisch. S.118.

Aufstände und der sozialen Not der Weber nieder, am bekanntesten ist vielleicht das Gedicht „Die schlesischen Weber" von Heinrich Heine
- Weitere Werke: „Aus dem schlesischen Gebirge" von Ferdinand Freiligrath, „Der alte Weber" von Hermann Püttmann, „Der Leineweber" von Ludwig Pfau sowie der Roman „Das Buschgespenst" von Karl May
- Auch in der bildenden Kunst: Gemälde „Die schlesischen Weber" von C.W. Hübner als „sozialistisches Tendenzgemälde"; Bilderzyklus von Käthe Kollwitz

⇨ auch Hauptmann hat sich intensiv mit der Geschichte der Weber auseinandergesetzt, vor allem weil er auch eine biografische Beziehung zu dem Thema hatte; sein Großvater Carl Ehrenfried Hauptmann (1793-1859) war in seiner Jugend als Weber tätig gewesen und wurde nach den Freiheitskriegen Gastwirt; Gerhart Hauptmann wuchs also mit dem Wissen um die Weber-Not auf

⇨ siehe Widmung zur zweiten Fassung des Werkes!

⇨ er hat detaillierte historische Studien angefertigt sowie zwei Studienreisen in das schlesische Webergebiet unternommen, wo er das Elend der Bevölkerung kennen lernte; zu diesem Zeitpunkt war die Not der Weber wieder einmal besonders akut und in den Blickpunkt der Öffentlichkeit geraten (nach einer Missernte)

⇨ außerdem nutzte er verschiedene Quellen

- als Quellenwerk benutzte Hauptmann die auf Dokumentation gegründete Schrift **"Über die Noth der Leinenarbeiter in Schlesien und die Mittel ihr abzuhelfen"** von dem Regierungsassessor **Alexander Schneer**, die im Juli 1844, also unmittelbar nach dem von Hauptmann dramatisierten Aufstand, erschienen war
- aus dieser Vorlage übernahm er auch Namen, z.b. die Namen Ansorge und Hornig
- außerdem orientierte sich Hauptmann an **Alfred Zimmermanns "Blüthe und Verfall des Leinengewerbes in Schlesien"** (1885); aus diesem Werk entnahm er auch den Text (24 Strophen) des Liedes mit dem Titel „Das Blutgericht"
- **Wilhelm Wolffs "Das Elend und der Aufruhr in Schlesien"** (1845), einer präzisen Analyse, die die Ereignisse des Aufstandes dokumentarisch wiedergibt, vor allem die Erstürmung des Hauses Zwanzigers wird hier sehr genau geschildert
- der reichste Fabrikant Peterwaldaus nämlich hieß Zwanziger, Hauptmann verschlüsselt den Namen und macht „Dreißiger" daraus (genauso wie aus den Langenbielauer Unternehmern Dierig „Dittrich")

- bei Wolff fand Hauptmann auch Einzelheiten über das blutige Ende des Weberaufstands

- vergleicht man die Darstellung des Historikers, der für sein Werk aus Akten des Staatsarchivs und anderen statistischen Ämtern schöpfen konnte, so kommt in der Darstellung der Fabrikantengruppe bei dem Sozialdramatiker Hauptmann die Gegenpartei zur Not der Weber noch ziemlich glimpflich weg
- Not der Weber erscheint bei Hauptmann eher abgedämpft als ins Krasse übertrieben; weder Klage noch Anklage, die nicht quellenmäßig bezeugt werden kann
- auch den Schluss des Dramas gestaltet Hauptmann genau nach geschichtlichen Vorgängen (Zusammenbruch der Aufstandsbewegung)

Klassisches oder modernes Drama – zur Struktur der „Weber"

Aufbau und Struktur der „Weber

- Hauptmann behält die traditionelle Fünfaktigkeit bei, wie sie Gustav Freytag 1863 in seiner Schrift „Die Technik des Dramas" normativ beschrieb
- 1. Akt Exposition, Steigerung und erregendes Moment im 2. Akt, Höhepunkt der Wut der Weber im 3. Akt, Handlungshöhepunkt liegt allerdings erst am Ende des 4. Aktes (Weber stürmen Dreißigers Haus), damit setzt die fallende Handlung ein (Handeln der Gegenseite); retardierendes Moment gibt es nicht (nirgendwo kann man Bemühungen erkennen, den Lauf der Dinge aufzuhalten); im 5. Akt angedeutete Katastrophe
- Bereits die ersten Rezensenten haben allerdings auf die Besonderheiten des Dramas hingewiesen, so bemerkt beispielsweise Wilhelm Bölsche die „technischen Merkwürdigkeiten" der Weber[3] und vor allem Peter Szondi kritisiert die epischen Tendenzen des Dramas (dazu später mehr)
- Versuch, Merkmale des offenen und geschlossenen Dramas in Hauptmanns Stück festzustellen **(Grundlage: Schaubild nach Volker Klotz)**

---

[3] Bölsche, Wilhelm: Gerhart Hauptmanns Webertragödie. In: Freie Bühne 3 (1892). S.185. Zitiert nach Hildebrandt, Klaus. S.38.

Handlungsaufbau und Komposition

- Struktur bzw. zwingende Logik in der Abfolge der einzelnen Akte, keine lockere Komposition
- Zielgerichtetheit der Handlung prägt die Struktur des Dramas: strukturell gleicher Verlauf der Akte II, III und IV (diese Akte enden jeweils mit einem revolutionären Aufschwung; Anwachsen der Erregung über die gemeinsame Not; von May verglichen mit einem Höhersteigen übereinanderrollender Wellen)
- Dramentechnisch streng aufeinander aufbauende Entwicklungsphasen[4], Gerhard Schildberg-Schroth spricht vom „Prinzip der Eskalation", das den Handlungsaufbau präge[5]
- Pasternak: „In Hauptmanns „Webern" bilden die Bedeutungskomplexe „Weberaufstand" und „Weberelend" die für die Textkohärenz konstitutiven thematischen Netze."[6]
- Verbindende und strukturierende Funktion des „Liedes vom Blutgericht"

Das Lied vom Blutgericht

- Volksliedeinlagen als „prinzipielles Symptom einer offenen Bauform"[7]: leitmotivische Funktion des „Liedes vom Blutgericht" an zentralen Stellen des Dramas; allerdings ohne Verfremdungseffekt („Blutgericht" als authentisches Produkt der Artikulation des Protests durch die Weber)
- „Im Singen des Weberliedes finden die Weber – als revolutionäres Subjekt – zu sich."[8]
- Allerdings: Revolte der Weber als „Ekstase", kein Ergebnis von Reflexion im Sinne rationaler Bewusstheit
- Das „Lied vom Blutgericht" zeigt die Hilflosigkeit und Fremdbestimmung der Weber an:
⇨ Betonung des sprachlichen Unvermögens der Weber (sprachlich präzise Formulierung der eigenen Not nur durch das Lied möglich, sonst nur vages Umkreisen)

---

[4] Lehmann, Jürgen: Gerhart Hauptmann: Die Weber. S.320f.
[5] Schildberg-Schroth, Gerhard: Gerhart Hauptmann, Die Weber. Frankfurt am Main; Berlin; München 1983 (Verlag Moritz Diesterweg). S.25f.
[6] Pasternak, Gerhard: Interpretation. München 1979 (Fink). S.153-160. Nach: Schildberg-Schroth, Gerhard. S.45.
[7] Sprengel, Peter: Gerhart Hauptmann. Epoche – Werk – Wirkung. S.85.
[8] ebd. S.85.

⇨ „fremde Rede in Gestalt des Liedes ist nicht nur Bestandsaufnahme, sondern in ihrer besonderen sprachlichen Strukturierung handlungsauslösend"[9]; Lied bringt die Masse der Weber zunächst in innere, dann in äußere Bewegung

⇨ 2-fache Funktion des „Liedes vom Blutgericht"

⇨ Stimulans des Aufruhrs einerseits, andererseits Demonstration der weiter bestehenden Fesselung an die Situation, die mit dem Aufstand eigentlich verändert werden soll (kein Ausweg, keine Alternativen)

- Weber nicht Subjekt der Revolution, sondern Objekt ihrer Verzweiflung, instinktives, reflexartiges Handeln statt Willensakt (vgl. Reaktion des alten Webers Baumert auf die Deklamation des „Blutgerichts", dazu später)

- End- und Höhepunkt der Handlungsentwicklung: der V. Akt mit der dominierenden Gestalt des alten Hilse

Personen

Die Masse als Held des Dramas?

⇨ **tendenziell offene Form**

⇨ **im Gegensatz zum geschlossenen Drama verhältnismäßig viele Figuren (41 Einzelfiguren!)**

⇨ **hoher Bewusstseinsgrad, Reflexionsvermögen wie bei den Protagonisten des klassischen Dramas bei den Webern kaum vorhanden (siehe unten!)**

⇨ **Zusammenspiel von Innenwelt und Außenwelt (Aufstand als „Hungerrevolte", instinktives Aufbäumen der Weber gegen die lebensbedrohliche Not**

⇨ **Schildberg-Schroth: klare Konkurrenten stehen sich gegenüber (Weber vs. Großbürgertum (Fabrikanten)) => geschlossenes Drama?**

- Hauptfigur des Aktes und des ganzen Stücks sind die Weber selbst

- Nicht ein einzelner Held wie im klassischen Drama ist Träger der Handlung, sondern Hauptmann hat die Masse zum Helden des Schauspiels gemacht, ohne auf die individuelle Gestaltung einzelner Figuren zu verzichten (unterschiedliche Charaktere, einzelne Weber reagieren anders auf die rüde Behandlung durch Dreißigers Personal)

---

[9] Lehmann, Jürgen: Gerhart Hauptmann: Die Weber. S.318.

8

- Masse bzw. Kollektiv als Held des Dramas (?); **Verzicht auf den repräsentativen Einzelprotagonisten; naturalistische Konzeption von der Bindung des Menschen an Natur und Milieu lässt keinen Heldenbegriff im klassischen Sinn zu** (Weber nicht revolutionäres Subjekt, dazu später im Zusammenhang mit Sprache im Drama mehr)
- Thematisierung des Weberelends; Zustand einer zuvor nicht literaturfähigen gesellschaftlichen Gruppierung wird geschildert; **4. Stand im Fokus (Weiterentwicklung Hauptmanns von „Vor Sonnenaufgang" bis zu den „Webern": bei „Vor Sonnenaufgang" bürgerliches Milieu (wenn auch aufgestiegen!), nun Schwerpunkt auf 4. Stand**
- **Einführung neuer Figuren in jedem Akt; ständig wechselnde Personenkonstellationen** (nur der „alte Baumert" tritt in allen fünf Akten auf); doch nicht er, sondern die Weber als soziale Gruppierung sind für die Handlungsentwicklung verantwortlich
⇨ Verwirklichung des epischen Reihungsprinzips (Peter Sprengel S.84)

Sprache

⇨ **entspricht der Sprachgestaltung im offenen Drama**
⇨ **Mischung der Stilebenen, Alltagssprache, Dialekt, Soziolekt**
⇨ **Dominanz der Sprache über das Bewusstsein (siehe unten)**
⇨ **Nur selten dialogisches Sprechen**

Hauptmann selbst schreibt in seiner autobiografischen Schrift „Die Abenteuer meiner Jugend": „Ich konnte „Die Weber", ich konnte das Bauerndrama schreiben, denn (…) ich beherrschte den Volksdialekt. Ich würde ihn also, war mein Beschluss, in die Literatur einführen. Dabei dachte ich nicht an so genannte Heimatkunst oder Dichtung, die den Dialekt als Kuriosum benützt und meistens von oben herab humoristisch auswertet, sondern dieser Volkston war mir die natur- und kunstgegebene, dem Hochdeutsch ebenbürtige Ausdrucksweise, durch die das große Drama, die Tragödie ebenso wie durch Verse Goethes oder Schillers Gestalt gewinnen konnte. Ich wollte dem Dialekt seine Würde zurückgeben. Man mag entscheiden, ob es geschehen ist."[10]

---

[10] CA VII, S.1079.

- Nicht nur die Verwendung des schlesischen Dialekts, sondern auch die Ausdrucks- und Sprechweise der Weber allgemein ist innovativ (und spricht für die Charakterisierung der „Weber" als modernes Drama!)
- Sprechen nur selten dialogisch bzw. handlungsauslösend; stattdessen **häufig stockend, retardierend, unsicher, verwirrt**[11]; gemeinsames sprachliches Verhalten der Weber als Kennzeichen ihrer Zugehörigkeit zum Kollektivum
- „hilflose, unkontrollierte sprachliche Geste; folgenlos sowohl für den Sprecher als auch für die Dramenhandlung" (Lehmann); sprachliches Verhalten wird dominiert durch **Sprechakte des Erzählens und des Fragens** (häufig Fragen ohne Antwort bzw. erzählendes Kreisen um die immer gleichen Sachverhalte)[12]
- Sprachverwendung ist gekennzeichnet durch das Vorherrschen rein deskriptiver Prädikate, analytische fehlen dagegen fast gänzlich[13]
- Mischung der Stilebenen, Hochsprache und Dialekt (Mischsprache: Chirurgus Schmidt (Grund: Sympathiebekundung gegenüber den Webern; Gastwirt Welzel, Tischlermeister Wiegand: bemühen sich aus Ehrfurcht gegenüber dem Reisenden um eine höhere Sprachebene usw.)
- mitunter Abweichungen vom dialektalen Sprachverhalten (beim Zitieren des dritten alten Weber aus der Bibel, beim deklamatorischen Sprechen Baumerts im Bezug auf einen Vers des Weberliedes)
- Dominanz der Sprache über das Bewusstsein:

Der alte Baumert *springt auf, hingerissen zu deliranter Raserei.* Haut und Hemde. All`s richtig, `s is der Armut Haut und Hemde. Hier steh ich, Robert Baumert, Webermeister von Kaschbach. Wer kann vortreten und sag`n…Ich bin ein armer Mensch gewest mei lebelang, und nu seht mich an! Was hab` ich davon? Wie seh` ich aus? Was hab`n se aus mir gemacht? Hier wird der Mensch langsam gequält. *Er reckt seine Arme hin.* Dahier, greift amal an, Haut und Knochen. Ihr Schurken all, ihr Satansbrut! *Er bricht weinend vor verzweifeltem Ingrimm auf einem Stuhl zusammen." (II. Akt, S.)*

- Bedeutung der **Metaphern- und Symbolverwendung**, beispielsweise „Bild des Kreises": keine Auseinandersetzung zwischen autonom handelnden, zielorientierten Protagonisten

[11] Lehmann. S.316.
[12] Lehmann, Jürgen: Gerhart Hauptmann: Die Weber. S.316f.
[13] vgl. Pasternack, Gerhard: Interpretation. München 1979. S.160. Nach Schilderberg-Schroth, Gerhard. S.

- Deutlich umgesetzt wird dieses Bild des Kreises bei Ansorge am Schluss des vierten Akts:

„Wer bin ich? D`r Weber Anton Ansorge. Is a verruckt geworn, Ansorge? `s is wahr, mit mir dreht sich`s ums Kreisel rum wie `ne Bremse. Was macht a hier? Was a lustig is, wird a woll machen. Wo is a hier, Ansorge? *Er schlägt sich wiederholt vor den Kopf.* Ich bin ni gescheut! Ich steh` fer nischt. Ich bin ni recht richtig." (IV, S.)

- Die Weber sind unfähig, die ökonomischen und gesellschaftspolitischen Ursachen ihrer Not zu verstehen, mangelnde Einsicht:

Ansorge (bewegt vom „Blutgericht"): „Und das muss anderscher wern, (…). Mir leiden`s ni mehr, mag kommen, was will." (II. Akt, S.)

- keine Utopie zur Verbesserung der gesellschaftlichen und sozialen Position der Weber, allein Sehnsucht nach Linderung der materiellen Not; spiegelt sich in der Sprachverwendung wider

Raum

- Wechsel der Schauplätze in jedem Akt, dennoch durch die typisch **naturalistische Beschränkung auf wenige Binnenräume**[14] kohärente Dramenstruktur
- die Schauplätze stehen nicht unverbunden nebeneinander, es gibt Querverweise zwischen den Schauplätzen

Schauplätze

➢ „ein geräumiges, graugetünchtes Zimmer in Dreißigers Haus zu Peterswaldau"
➢ „das Stübchen des Häuslers Wilhelm Ansorge zu Kaschbach im Eulengebirge"
➢ „die Schenkstube im Mittelkretscham zu Peterswaldau"
➢ „das Privatzimmer des Parchentfabrikanten Dreißiger"
➢ „das Weberstübchen des alten Hilse" in Langenbielau

- Raumsymbolik (Raum ist mehr als Kulisse): „durch räumliche Oppositionen geprägte Relationierung der fünf Akte"[15]: **soziale Räume prägen die Handlungsstruktur**, werden gleich zweimal einander gegenüber gestellt (Akt I und II, Akt IV und V), diese

---

[14] Lehmann, Jürgen: Gerhart Hauptmann. Die Weber. In: Dramen des 19. Jahrhunderts. Stuttgart 2005 (Reclam). S.313.
[15] vgl. Lehmann, Jürgen. S.313f.

11

räumliche und soziale Opposition wird akzentuiert durch weitere Merkmalpaare (weit/eng, hell/dunkel, prachtvoll/schadhaft)

Zeit

- keine ganz eindeutigen Zeitangaben
- Zeitkontinuum von mehreren Tagen mit kontinuierlichem Ablauf

----

Techniken der Episierung

- Bei den Kritikern gingen die Meinungen über das Werk stark auseinander; dramatisches Meisterwerk einerseits, die bestritten die dramatische Gestalt
- Der Wechsel von Orten und Personen wurde vielfach als eine Verwirklichung des epischen Reihungsprinzips betrachtet
- Andererseits: reihende Anordnung erweckt nicht den Eindruck einer Beliebigkeit der Reihenfolge oder einer lockeren Komposition; stattdessen zwingende Logik der Aktabfolge

Diskussionsaspekt I: Epische Elemente in Hauptmanns Drama „Die Weber"

⇨ Hauptszenen verwirklichen sich hier nicht im Medium des Dialogs zwischen Personen
⇨ Dafür drängen sich episierende Gestaltungsmittel vor
⇨ Revue oder Reihung von Personen, Darstellung von Zuständen, die sich reflektieren in den Augen eines fremden Besuchers, ausführliche Berichte und Beschreibungen
- **Dominanz des Erzählens:** Aufruhr findet abgesehen von Andeutungen im 4. Akt nicht auf der Bühne statt, sein Verlauf muss aus den Erzählungen verschiedener Personen erschlossen werden
- **ausführliche Regieanweisungen** tragen epischen Charakter, erreichen den Umfang breiter Erzählpassagen
- **breite Orts-, Personen- und Verhaltensbeschreibungen (Milieuskizzen)**
- keine Erzählereinmischungen, kein Durchbrechen der dramatischen Illusion wie beispielsweise im epischen Theater Brechts; ganz im Gegenteil: die

Bühnenanweisungen sollen das Publikum unmittelbar am Geschehen teilnehmen, es dessen Fiktionalität vergessen lassen[16]

- **Formen narrativer Vermittlung: Botenbericht und Mauerschau** lassen sich im Drama „Die Weber" finden
- **Techniken der Distanzierung und Objektivierung** (differenzierte Charakterisierung der Weber, die im fünften Akt vorgenommene Aufspaltung der Weber in Handelnde und Zuschauende)
- Wenn ein Weber am Ende fragt „Gelt, das is amal aso a Theater? So was sieht man nich alle Tage." – dann wird damit gesagt: die Revolution mutiert zum Schauspiel, dessen Regeln die Agierenden nicht selbst bestimmen, sondern im besten Fall ausführen können; dementiert jede klassenkämpferische Intention
- Tatsächlich **nur wenig eigentlich dramatische Handlung** (außer im 4. Akt, besonders im 5. Aufzug)
- Dramatische Akzente am Ende des ersten Aktes; drohender offener Konflikt durch Lohnkürzungen[17]; Kampf der Weber gegen eine sie erdrückende Umwelt und allmähliche Zuspitzung des Konflikts trägt allgemein dramatische Züge
- Es folgt eine Zustandsschilderung in epischer Breite (Hauptmann zeigt am Beispiel einer betroffenen Familie die Not der Weber)
- Moritz Jäger tritt auf => steigert Wut auf die Fabrikanten und drängt zum Handeln
- Steigerung am Ende des 2. Aktes: Entschluss zum Aufbegehren, gefolgt von genauer Milieuschilderung, welche die Notwendigkeit des Aufstandes verdeutlicht
- **Grundstruktur: breite, intensive Schilderung gefolgt von dramatischem Geschehen**
- Anfang des dritten Aktes weiter Zustandsschilderung: weitere Perspektiven auf die Situation der Weber (Handwerker; nicht nur die Fabrikanten, sondern auch der Adel sowie die Bauern tragen Schuld am Elend der Weber; auch die Kirche nimmt an der Ausbeutung der Weber teil)
- Ende des 3. Aktes: Weber stimmen verbotenerweise das Weberlied an und erzwingen damit den offenen Konflikt (Hauptmann lässt Akt skeptisch ausklingen; Hornig ahnt Böses; der Gastwirt Welzel meint, die alten Weber, die mitmachen, hätten den Verstand verloren)

---

[16] Asmuth, Bernhard: Einführung in die Dramenanalyse. Stuttgart; Weimar 1994. Vierte Auflage. (Metzler). S.54.
[17] vgl. Hildebrandt, Klaus: Naturalistische Dramen Gerhart Hauptmanns. S.42f.

- 4. Akt: Gesamtlage aus der Perspektive Dreißigers und des Pastors Kittelhaus; Gespräche finden vor einem dramatischen Hintergrund statt, der immer wieder den Inhalt der Diskussionen beeinflusst[18]
- Teichoskopie: Unternehmer beobachtet Toben vor dem Haus

Warum setzt Hauptmann epische Gestaltungsmittel ein?
- Klaus Hildebrandt (S.41ff.): die vorhandenen epischen Elemente waren nur ein Mittel, die Vielfalt der Ereignisse in die Handlung einzubeziehen und damit in das Geschehen einzuflechten, was auf der Bühne nicht dargestellt werden konnte (bühnentechnisches Problem!)
- Fülle von Einzelpersonen zwang Hauptmann, so viele Personen auf die Bühne zu bringen; andernfalls hätte er das historische Material nicht naturalistisch wiedergeben können (er hätte Personen gestalten müssen, die es so in der Realität nicht gab) (Gründe der Historizität der Darstellung)

Diskussionspunkt II

(Diskussionsgrundlage: Peter Szondi, Theorie des modernen Dramas)
- **Was kritisiert Peter Szondi an der Struktur des Stücks „Die Weber"?**
- Szondi betrachtet die „Weber" als Beispiel für die Krise des Dramas
- kritisiert die episierenden Züge im Werk
- sieht in der Struktur des Werks einen Widerspruch in sich
- mangelnde Kontinuität der Handlung
- Hauptmann könne keine Zustände vergegenwärtigende Handlung erfinden
- Was bei ihm als Handlung erscheine, sei problematisch von Standpunkt der Dramatik aus
- Auftretende Einzelpersonen verträten jeweils Tausende von Menschen, die unter den gleichen Bedingungen leben
- Das Schicksal des einzelnen sei zugleich beispielhaft und Gegenstand der epischen Aufzeichnung durch das dichterische Ich
- Eine echt dramatische Handlung jedoch stellt das Dasein von Menschen in ihrer Aktualität dar

---

[18] Hildebrandt, Klaus: S.48.

14

- Solche Aktualität aber entspringt ausschließlich aus zwischenmenschlichen Kontrasten und verkörpert sich in der Auseinandersetzung von Spielern und Gegenspielern
- Schluss fehlt

- **Warum kann die Behandlung der Thematik nicht in dramatischer, sondern nur in epischer Form geschehen?**
- die Propagierung eines sozialen Dramas im gesellschaftlichen Kontext des 19. Jahrhunderts erfordere die Darstellung der polit-ökonomischen Umstände, da diese das individuelle Leben bestimmten und nicht umgekehrt (dies ist allerdings nur in epischer Form möglich!)

- **Welche Gestaltungselemente des Stücks „Die Weber" (formaler und inhaltlicher Art) sprechen gegen die Bezeichnung als „Drama"?**
- **Wie lässt sich nach Szondi der offene Schluss des Dramas deuten? (Zu Punkt 5: Zur Deutung des problematischen Schlusses)**

Kritik an Szondi

Position von Kurt May

⇨ unter solchen dogmatischen Voraussetzungen (wie Szondi den Begriff „dramatisch" definiert) müssen die Weber abfallen, meint Kurt May

⇨ er sagt, dass der dramatische Konflikt nicht nur „in einem Handeln pro und contra zwischen Spielern und Gegenspielern" gegeben sein muss, sondern dass er auch wie in den „Webern" als „Widerstand Unzähliger zum Ganzen ihrer Lebensbedingungen" gestaltet sein kann[19]

Kurt May:

„Der Dramatiker hat eine sehr starke Hand, unter der das kollektive Geschehen niemals zerbröckelt. In der gemeinsamen und ausschließlichen Ausrichtung aller Personen auf das einzige Thema, nämlich die Not der Weber, spürt man die auswählende, verbindende, zusammenhaltende und steigernde Kraft eines großen Bühnenbeherrschers."[20]

---

[19] May, Kurt: Hauptmann. Die Weber. In: Das deutsche Drama. Bd.2. Hg. von Benno von Wiese. Düsseldorf 1964 (Fink). S.164.
[20] May, Kurt: Hauptmann. Die Weber. In: Das deutsche Drama vom Barock bis zur Gegenwart. Interpretationen. Hg. von Benno von Wiese. Bd. II. Düsseldorf 1960 (2. Auflage). S.161.

Dramenverständnis Gerhart Hauptmanns

„Auch mir hat man oft die angebliche Epik meiner Dramen vorgeworfen. Aber mit Unrecht. Die Weber haben zum Beispiel diese dramatische Kurve durchaus. Akt I bis IV zeigen den immer steileren Anstieg der Handlung, Akt V den Absturz."[21]

„In Fällen, wo wir das Leben der dramatischen Kunstform nicht anpassen können: sollen wir nicht diese Kunstform dem Leben anpassen?"

Der 5. Akt

Zur Interpretation des problematischen Schlusses und zur Rezeption des Stücks

- Die Offenheit des Dramenschlusses hat zu etlichen Kontroversen in der Literaturwissenschaft geführt
- Dies hängt eng mit der jeweiligen Rezeption des Stücks zusammen; kaum ein anderes deutschsprachiges Drama ist so einseitig politisch rezipiert worden wie „Die Weber" (bis hin zur Klassenkampf-Rhetorik von DDR-Inszenierungen, Berliner Volksbühne 1957)[22], sowohl die marxistischen als auch die national-konservativen Kritiker sahen im Stück revolutionäre Tendenzen
- Das lag nicht in Hauptmanns Absicht; er empfand es als „Herabwürdigung der Kunst": „Ein Drama steht um so höher, je parteiloser es ist."[23]
- Die marxistische Kritik des Werkes war zunächst positiv, stieß sich aber von Anfang an am pessimistischen Grundzug des Werkes (Ende mit dem Tod des alten Hilse); Franz Mehring beispielsweise kritisierte vor allem den 5. Akt, der die Prinzipien des

---

[21] Zitat von Gerhart Hauptmann. Nach: Chapiro, Joseph: Gespräche mit Gerhart Hauptmann. Berlin 1932 (Fischer).
[22] Lehmann, Jürgen: Gerhart Hauptmann, „Die Weber". S.308.
[23] Hauptmann, Gerhart: Die Kunst des Dramas. Über Schauspiel und Theater. Zusammengestellt von Martin Machatzke. Berlin 1963 (Ullstein). S.24.

Naturalismus verleugne, die die Wiedergabe der Wirklichkeit verlangen; die Intention Mitleid statt Klassenkampf sei sinnlos)

Mögliche Aspekte zur Textarbeit

- **Wie stellen sich die Weber Verlauf und Fortgang ihres Aufstandes vor?**
- **Wodurch unterscheidet sich Hilse von den anderen Webern (hinsichtlich Sprache, Zielen, Beweggründe seines Verhaltens)?**
- **Wie beurteilt er den Aufstand, seine Berechtigung und seine Aussichten?**
- **Welche Bedeutung hat Hilses Tod?**
- **Ist die Art der Darstellung eher objektiv oder eher appellativ?**

Deutungsansätze

⇨ **Sozialkritische Interpretation**
⇨ **Ideengeschichtliche Interpretation**

Ideengeschichtliche Deutung (Kurt May, Fritz Martini, Karl S. Guthke)

- starke Einbeziehung biografischer Daten, Hauptmanns Vorstellung, wonach der im Drama dargestellte Mensch über seine gesellschaftlichen Beziehungen hinaus immer auch eine tiefergehende allgemeinmenschliche Existenzweise zum Ausdruck bringen sollte

Kurt May

- Wendung des Stücks ins Religiöse
- Kurt May nach der Aussage Hilses „Ich hab ne Gewißheet…": „Umschlag des völlig profanen Sozialdramas ins „Geistige, ins Geistliche"[24],
  - Umschlag bedingt von den verborgenen religiösen Antrieben in Hauptmanns Natur
  - Transzendenter Bezug Hilses; aber religiöser Egoismus
  - „Der völlig auf die Transzendenz ausgerichtete Menschentyp ist im Grunde genauso problematisch wie der ganz in der Immanenz Befangene."[25]

---

[24] vgl. May, Kurt: Hauptmann. Die Weber. In: Das deutsche Drama. Bd.2. Hg. von Benno von Wiese. Düsseldorf 1964 (Bagel). S.165.
[25]

Fritz Martini

- spricht von der Transzendierung der gesamten sozialen Thematik des Dramas zu einem „Urdrama des Menschen"[26]
- im Bezug auf den Konflikt der nach seiner Meinung gleichermaßen tragisch endenden Figuren von Hilse und Luise sagt er:

„Im Untergang wächst das Bild dieser beiden Menschen zur Größe dessen, was sich in den *Webern* als innerer Vorgang, als ein Urdrama des Menschen vollzogen hat, und in ihnen ist stellvertretend und gesteigert das Geschick aller zusammengefasst. Dadurch, dass Hauptmann das Werk in diese beiden Figuren ausmünden ließ, machte er das Drama des Leidens zur Tragödie des im Hoffnungslosen noch ein menschlich Äußerstes frei verwirklichenden Tuns. Denn nicht von der Masse her, nur durch diese innere Entscheidung des Einzelmenschen vor dem eigenen Ende und zu diesem Ende hin ließ sich das Tragische aussprechen. Die Welt allerdings ist unheilbar, und der Mensch bleibt ihr Opfer. Mit dieser Aussage enden die Weber in einem Pessimismus, dem nichts bleibt als ratlose Liebe zur menschlichen Kreatur und rufendes Mitleid mit ihr. Daneben bleibt gleichgültig, wie der Aufstand politisch-sozial verlief, denn es geht nicht um ein historisches Drama, sondern um das Drama vom leidenden Menschen."[27]

Karl S. Guthke

- 5. Akt wird durch die Figur des alten Hilse zu einer Antiklimax, die das gesamte Drama in einem neuen Licht erscheinen lässt

„So wird durch den alten Weber, dem sich „in aller der Not" eine religiöse „Gewissheit" erschlossen hat, das ganze bisherige Geschehen, das im Hilse-Akt weiterläuft und ihn umbrandet, sozusagen stilgerecht in eine neue Perspektive gerückt: die Rebellion der Weber gegen die Not ihres Daseins wird gegen das im Transzendenten verwurzelte Lebensbewusstsein Hilses gewogen und zu leicht befunden – sie ist allzu sehr den bloß physischen, irdischen Bedürfnissen der Existenz verhaftet. Nicht eigentlich der alte Webermeister ist somit tragisch gesehen, wie man in der Literatur immer wieder liest, sondern

---

[26] Martini, Fritz: Soziale Thematik und Formenwandlungen des Dramas. In: Episches Theater. Hg. von Reinhold Grimm. Köln 1972 (Kiepenheuer). S.258f. Zitiert nach Schildberg-Schroth, Gerhard. S.39.
[27] ebd. S.258f.

die Gesamtheit der – anderen – Weber, deren Maxime ist: „Wer de will mitkummen, muss sich derzuhalten."[28]

Sozialkritische Deutung des Schlusses

Deutung des Schlusses nach Jürgen Lehmann

- Gestalt des Hilse als „notwendiger Bestandteil und krönender Abschluss der „Die Weber" prägenden, ohne individuellen Helden auskommenden Handlungsstruktur"[29]
- Hilse:
- => erscheint zunächst als besondere, von der Masse abgehobene Figur
- wird zum Gegenpart seiner Leidensgenossen, weil er Aufruhr und Gewalt aus religiösen Gründen ablehnt
- begründet sozialen Konflikt im religiös begründeten und daher vorgegebenen Antagonismus von Diesseits und Jenseits und nimmt den Webern jegliche Legitimation ihres Handelns
- Warum setzt Hauptmann diese Figur ein?
- Zeigt auf einer anderen Argumentationsebene die Unfähigkeit der Weber zum Handeln, Passivität; pessimistische Einschätzung der Revolution
- Außenseitertum Hilses; sein Reden erreicht niemanden, bleibt sinnlos; genauso sinnlos (zufällig) stirbt er durch eine verirrte Kugel
- „Er geht gleichsam fremdbestimmt unter, getötet in einem Konflikt, den gerade er zu vermeiden gesucht hat."
- Gebundenheit der Weber an ihren Lebensraum und mentale Beschränktheit
- Hauptmann stellt in der Familie Hilse die Grunderfahrungen der Weber dar: Hilflosigkeit, Verwirrung, Orientierungslosigkeit (siehe das Kind und die alte blinde Frau, die allein zurückbleiben)
- Hilse also nicht Gegenpart zu seinem Milieu, sondern – gerade was die Folgen seines Verhaltens angeht – dessen profilierter Repräsentant
- Radikalisierung des Konflikts; Spannungen zerbrechen soziale Netze (Nachbarschaft, Familie => sh. Auseinandersetzung zwischen Baumert und Hilse bzw. Hilse und Luise)

---

[28] Guthke, Karl S.: Gerhart Hauptmann. 2. vollst. überarb. und erw. Aufl. München 1980 (Francke). S.86.
[29] Lehmann, Jürgen: Gerhart Hauptmann: Die Weber. S.321f.

19

- Aus dieser Perspektive => Schluss folgerichtige Zuspitzung und Ausweitung der dem Drama zugrunde liegenden gesellschaftlichen Problematik
- Nicht nur die materielle Seite der Not prägt die Situation, sondern Infragestellung jeglicher Autoritäten (umfasst sogar die religiöse Dimension) => siehe Luises Rebellion ; diese Fragen Luises bleiben ohne Antwort; Fehlen jeder Perspektive
- Inhalt der letzten Äußerung des Dramas ist die Angst

Bölsche spricht von einer „symbolischen Lösung", die Hauptmann gefunden habe, da im augenblicklichen Sieg der Weber ihre baldige Niederlage zu erahnen sei[30]

Peter Szondi: Der „alte Hilse" als Notbehelf? (Siehe Text)

Peter Szondi: Der Schluss des Dramas (Tod des am Aufstand unbeteiligten Webers Hilse) als „tragische Katastrophe im alten Stil"?
- Zugeständnis des Autors an die Tradition? Durch den Schluss Geschlossenheit des Dramas wieder hergestellt, dadurch Abschwächung der episierenden Tendenz?
- Andererseits: theatralische Voraussetzungen des naturalistischen Dramas müssen bei der Deutung des Schlusses beachtet werden
- => Innenraumbühnenbild ließ Massenszenen auf der Bühne nicht zu; Techniken wie Teichoskopie und Botenbericht erforderlich)
- Familie Hilse zum Zweck der Realisierung dieser Techniken; Reflexionsorgan bzw. Chor Hauptmanns „schlesischer Tragödie"[31]
- Hilses Tod als „dramaturgischer Notbehelf"[32] (siehe Fontanes Interpretation)

Verwendete Literatur

- Schwab-Felisch Hans: Gerhart Hauptmann „Die Weber". Dichtung und Wirklichkeit. Berlin 2004.
- Asmuth, Bernhard: Einführung in die Dramenanalyse. Vierte Auflage. Stuttgart; Weimar 1994. (Metzler).
- Hildebrandt, Klaus: Naturalistische Dramen Gerhart Hauptmanns: „Die Weber", „Rose Bernd", „Die Ratten"; Thematik – Entstehung – Gestaltungsprinzipien – Struktur. München 1983 (Oldenbourg).
- Die deutsche Literatur in Text und Darstellung. Bd. 12: Naturalismus. Hg. von Walter Schmähling. Stuttgart 1999. (Reclam)
- Sprengel, Peter: Gerhart Hauptmann. Epoche – Werk – Wirkung. München 1984 (Beck).
- Wehner, Walter: Heinrich Heine: „Die schlesischen Weber" und andere Texte zum Weberelend. München 1980 (Wilhelm Fink Verlag).
- Kindlers Neues Literaturlexikon. München (Kindler Verlag).
- Bölsche, Wilhelm: Gerhart Hauptmanns Webertragödie. In: Freie Bühne, 3 (1892). S.180-186.
- May, Kurt: Hauptmann: Die Weber. In: Das deutsche Drama vom Barock bis zur Gegenwart. Interpretationen. Hg. von Benno von Wiese. Bd.2. Düsseldorf 1960. S.157-165.

---

[30] Bölsche, Wilhelm: Gerhart Hauptmanns Webertragödie. S.185.
[31] Sprengel, Peter: Gerhart Hauptmann. Epoche – Werk – Wirkung. S.88.
[32] ebd. 88.

- Rey, William H.: Der offene Schluss der „Weber". In: The German Quarterly, 55. (1982). S.141-163.